LE RETOUR DE LA MOMIE QUI PUE QUI TUE

SCÉNARIO ET DESSIN : MIDAM
COULEURS : ANGÈLE

DUPUIS

www.kidpaddle.com

Dépôt légal : octobre 2007 — D.2007/0089/204
ISBN 978-2-8001-3949-4
© Dupuis, 2007.
Tous droits réservés.
Imprimé en Belgique.
www.dupuis.com

DANGER

DANGER

TARGET
LOCKED

36ZX
101°

POWER
100%

OOOOUH!
MAIS QU'ELLE
EST
SENSIBLE !

GAME
OVER

408

5

BONJOUR, CINDY, JE SUIS LE DOCTEUR PADDLE. ET VOICI LE DOCTEUR BANG ET NOTRE CONSEILLER COIFFURE, LE PROFESSEUR HORACE !

BONJOUR, CINDY !

TOUT D'ABORD, MERCI D'AVOIR CHOISI NOTRE CLINIQUE ! TRÈS BIEN. MAINTENANT, CINDY, DITES-NOUS CE QUE VOUS N'AIMEZ PAS CHEZ VOUS ...

COMME LA COIFFURE, PAR EXEMPLE !

VOTRE NEZ ? JE NOTE ! VOTRE MENTON ? OUI... VOUS N'AIMEZ PAS VOS JOUES ? ON PEUT S'EN OCCUPER ...

PARDON ? VOUS AIMERIEZ DES LÈVRES PULPEUSES ?! C'EST JUSTEMENT LA SPÉCIALITÉ DU DOCTEUR PADDLE ! OUI, NOUS POUVONS ÉGALEMENT TRAITER VOS YEUX... QUOI D'AUTRE ? VOS OREILLES ? C'EST NOTÉ !

VOTRE COIFFURE, PEUT-ÊTRE ?

MERCI, CINDY, NOUS ALLONS DÉLIBÉRER...

LA LISTE EST ÉNORME !

JE NE SAIS PAS SI CE SERA POSSIBLE ...

ALLONS, BANG, RESSAISISSEZ-VOUS ! ON NE PEUT PAS LAISSER CETTE JEUNE FILLE AVEC CE ...VISAGE !

.. ET CETTE COIFFURE !

NOUS AVONS UNE BONNE NOUVELLE, CINDY, NOUS ACCEPTONS DE VOUS OPÉRER !

VOUS ALLEZ AVOIR UN NOUVEAU VISAGE !

...UN VISAGE DÉCENT !

ET ELLE N'A RIEN DIT SUR SES CHEVEUX ?!

...ET COMME VOUS ÊTES UNE BONNE CLIENTE, LA COUPE DE CHEVEUX EST OFFERTE !

GÉNIAL !

JE VAIS CHERCHER LES OUTILS.

PAS BESOIN D'ANESTHÉSIE, IL FAUT SOUFFRIR POUR ÊTRE BELLE !

SI C'EST TROP CHAUD, VOUS LE DITES ET JE FAIS UNE PAUSE !

VOUS ALLEZ FAIRE DES JALOUSES !

KLAK KLAK

L'opération s'est très bien passée. Les petits gonflements et hématomes sont tout à fait normaux. La facture suivra.

ps: Cindy a un cheveu difficile, on a fait avec.

LES BONS TRUCS DE TANTE URSULE

Aujourd'hui : la voix !

Avant une performance vocale, il est capital de bien dormir. Le repos est salutaire pour la voix.

Gargarisez-vous à l'eau claire afin d'hydrater et d'assouplir les cordes vocales.

GARGLLL

Ménagez votre voix en essayant de parler le moins possible.

TU ES BIEN SILENCIEUX CE MATIN, KID !

OUI, BON... NE LE FORCE PAS NON PLUS ! POUR UNE FOIS QU'ON MANGE EN PAIX !

Consommez du miel dans du lait chaud, ça vous donnera un timbre chaleureux.

MMM

Si toutes ces conditions sont réunies, vous obtiendrez de votre voix clarté, justesse et...

...puissance !

Dernière chose : après votre performance, oxygénez-vous les poumons en faisant un petit jogging, ils vous en seront reconnaissants...

404

BON, JE SUIS PRÊT. J'Y VAIS.

TRÈS BIEN.

AMUSE-TOI aaaAAAAAAAAA!

BON SANG, KID ! TU N'AS RIEN TROUVÉ DE PLUS HORRIBLE ?!

BEN, NON... POURQUOI, C'EST PAS ASSEZ ?

C'EST PARFAITEMENT DÉGUEULASSE !

AH ! TU ME RASSURES ! ...

QUAND JE PENSE AU TEMPS QUE J'AI PASSÉ SUR LE MAQUILLAGE !

DE MON TEMPS, HALLOWEEN N'EXISTAIT PAS. QUAND ON SE DÉGUISAIT, C'ÉTAIT EN ZORRO OU QUELQUE CHOSE...ET C'ÉTAIT TRÈS BIEN.

400

ENFANTS NON ADMIS !

...MAIS SI LE FILM EST INTERDIT AUX MOINS DE 18 ANS, ON POURRAIT TRUQUER NOTRE CARTE D'IDENTITÉ ?

LE RETOUR DE LA MOMIE QUI PUE QUI TUE

HORACE, EST-CE QU'ON A VRAIMENT L'AIR D'AVOIR 18 ANS ?

HMM... BONNE REMARQUE !

ET SI ON DIT QU'ON EST DEUX NAINS ?

ENFILE CET IMPER ET MONTE SUR MES ÉPAULES !

UNE PLACE POUR LA MOMIE ? VOUS TOMBEZ BIEN, IL Y A UNE ACTION PROMOTIONNELLE !

AH ?

SI VOUS RÉUSSISSEZ À ATTRAPER LE VER, VOUS AVEZ UN POP-CORN GRATUIT !

COOL !

JE VAIS L'AVOIR ! JE VAIS L'AVOIR !

BEN, CELUI-LÀ, IL VEUT VRAIMENT SON POP-CORN !

TOUT DOUX HORACE, TU VAS...

411

J'AI LE VER ! J'AI LE VER !

?

ON S'EST FAIT AVOIR COMME DES CRÉTINS !

CE TYPE EST UN MALIN !

TU FAIS DES VERS ?

409

QUAND CET ÉTRANGE TÉTARD FUT PÊCHÉ PAR HASARD PAR UN CHALUTIER...

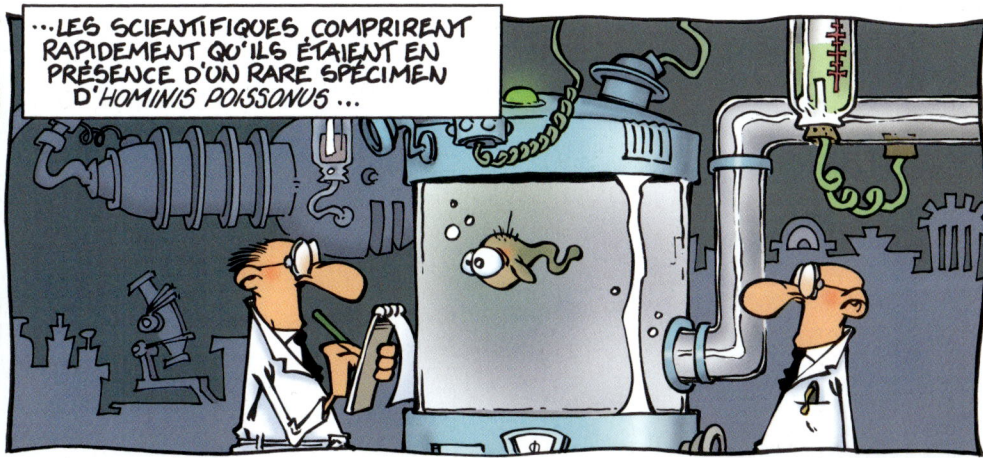

...LES SCIENTIFIQUES COMPRIRENT RAPIDEMENT QU'ILS ÉTAIENT EN PRÉSENCE D'UN RARE SPÉCIMEN D'HOMINIS POISSONUS...

...APPELÉ PLUS COMMUNÉMENT "HOMME-SIRÈNE"!

ILS L'ÉTUDIÈRENT PENDANT DE LONGUES ANNÉES SOUS TOUS SES ANGLES...

...AVANT DE LUI DONNER SA LIBERTÉ.

MAIS LES GENS SONT CRUELS ET SON INTÉGRATION SOCIALE FUT UN ÉCHEC.

HA! HA! HA!

HA! HA!

HA! HA!

HA! HA! HA!

HA! HA!

LE MALHEUREUX REVINT SE RÉFUGIER DANS LE BIO-AQUARIUM, SEUL ENDROIT OÙ IL SE SENTAIT BIEN ET... À MOITIÉ NORMAL.

CINEMA

LES SCIENTIFIQUES ONT ALORS EU L'IDÉE D'AMÉNAGER SON AQUARIUM DE FAÇON À CE QU'IL PUISSE Y TRAVAILLER TOUT EN CACHANT SA QUEUE DE POISSON.

ET ÇA FAIT 20 ANS QU'IL Y EST!

PAUVRE VIEUX!

SOYEZ FIER DE VOTRE QUEUE!

MONTREZ-LA À TOUT LE MONDE, LES GENS S'HABITUERONT, VOUS VERREZ!

COURAGE!

405

BONJOUR, DOCTEUR!

BONJOUR, MADEMOISELLE!

VOILÀ, DOCTEUR, JE VEUX ME FAIRE OPÉRER DES YEUX!

JE SUIS FATIGUÉE DE MES LUNETTES.

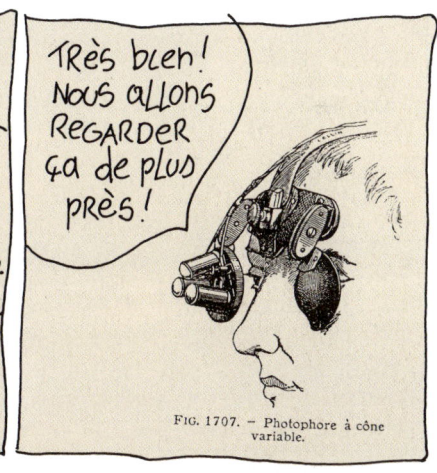

TRÈS BIEN! NOUS ALLONS REGARDER ÇA DE PLUS PRÈS!

FIG. 1707. — Photophore à cône variable.

AAAAAAA

EUH... INUTILE DE TIRER LA LANGUE, J'AUSCULTE VOS YEUX!

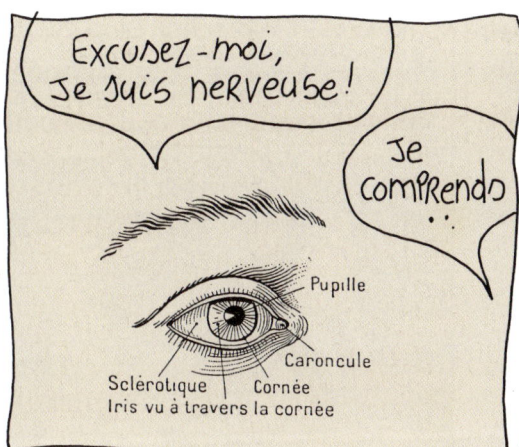

EXCUSEZ-MOI, JE SUIS NERVEUSE!

JE COMPRENDS...

Pupille

Caroncule

Sclérotique   Cornée

Iris vu à travers la cornée

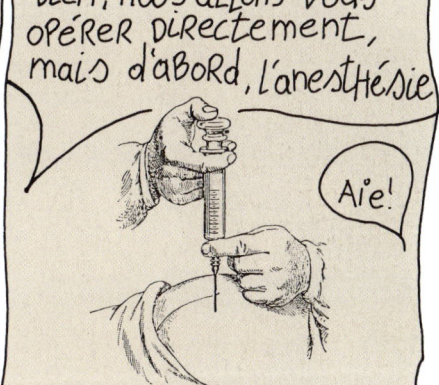

BIEN, NOUS ALLONS VOUS OPÉRER DIRECTEMENT, MAIS D'ABORD, L'ANESTHÉSIE

AÏE!

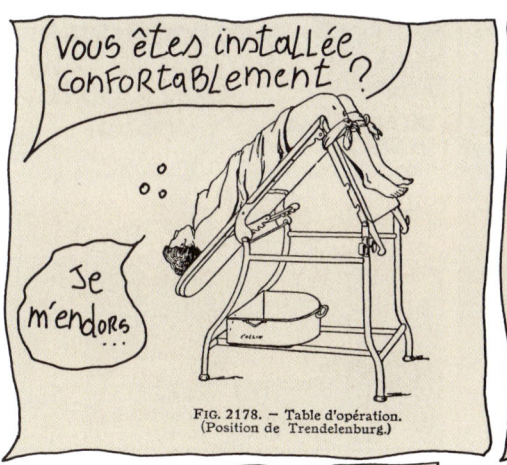

VOUS ÊTES INSTALLÉE CONFORTABLEMENT?

JE M'ENDORS...

FIG. 2178. — Table d'opération. (Position de Trendelenburg.)

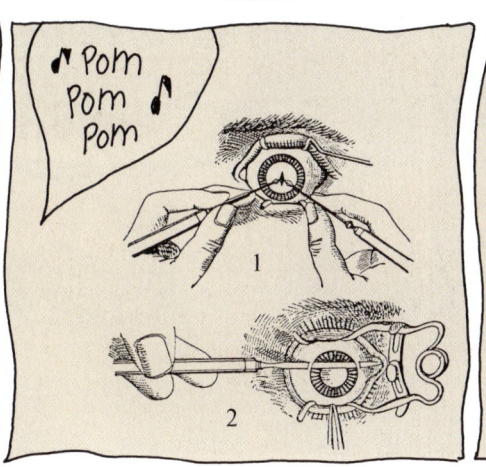

♪ POM POM POM ♪

1

2

VOILÀ, C'EST FINI! ON ENLÈVE VOS BANDAGES DANS UNE SEMAINE.

JE SUIS IMPATIENTE!

FIG. 248. Bandage de la face.

UNE SEMAINE PLUS TARD.

OH DOCTEUR, JE SUIS TELLEMENT HEUREUSE!

JE ME SENS SI DIFFÉRENTE!

MERCI, DOCTEUR!

Y A PAS DE QUOI!

C'EST PAS COMPLIQUÉ DE FAIRE DE LA BD, FINALEMENT!

À CONDITION D'AVOIR DES VIEILLES ENCYCLOPÉDIES!

POUR FAIRE LA VOIX DANS LA DERNIÈRE CASE, IL FAUT SE PINCER LE NEZ!

OH, DOCTEUR, JE SUIS TELLEMENT HEUREUSE!

417

21

C'EST UNE GRAND-MÈRE QUI A UNE DOUBLE PERSONNALITÉ,

GENTILLE MAMY GÂTEAU OU MONSTRE SANGUINAIRE !

SCHIZOPHRÉNIAX

INTERDIT AUX - DE 18 ANS !

ÇA A L'AIR EFFRAYANT, TON FILM !

LE FILM DE L'ANNÉE !

ET EN PLUS, ELLE RESSEMBLE À MA MAMY !

CAUCHEMARS ASSURÉS, ÇA !

T'EN FAIS PAS, IL PARAÎT QUE C'EST BOURRÉ D'HUMOUR !

ALLEZ, HOP ! ENFILE L'IMPER ET MONTE SUR MES ÉPAULES !

OUI ?

JE VOUDRAIS UNE PLACE POUR SCHIZOPHRÉNIAX, LE FILM D'HUMOUR, LÀ !

D'HUMOUR ?! ARRACHER LA CERVELLE DES ENFANTS À COUPS DE ROULEAU À TARTE POUR EN FAIRE DE LA CONFITURE, JE N'APPELLE PAS ÇA EXACTEMENT DE L'HUMOUR !

DE.. DE LA CONFITURE ?

NE TE LAISSE PAS IMPRESSIONNER, HORACE !

ABSOLUMENT ! CONFITURE QUE LA DÉMENTE OFFRE AUX VOISINS LE LENDEMAIN. MARRANT, NON ?

EUH.. MERCI. MAIS JE VAIS ENCORE RÉFLÉCHIR...

QUOI ?! HORACE, PRENDS CE TICKET !

DÉSOLÉ, MAIS JE NE VAIS PAS VOIR CE FILM !

HÉLÀ ! MAIS ? LAISSE-MOI PARTIR !

PAS QUESTION !

JE VEUX PARTIR ! DITES-LUI DE ME LAISSER PARTIR !

UN DINGUE...

HORACE, PRENDS CE TICKET, NOM DE D/

SI TU CONTINUES À RESTER, JE VAIS DESCENDRE, HEIN !

JE COMPRENDS POURQUOI CE GARS TROUVE COMIQUE CE GENRE DE FILM...

NE GÂCHE PAS TOUT. ON EST PRÈS DU BUT !

BON, ON VA S'EN DÉBARRASSER...

SINON DANS L'AUTRE SALLE, ON A LE NOUVEAU RIKIKI.

IL EST DÉJÀ SORTI ?!

MISÈRE, HORACE !

"RIKIKI ET SA FANFARE" EST SORTI AUJOURD'HUI, OUI...

GÉNIAL !

HÉ, HO ! OÙ TU VAS ?

OK, C'EST RATÉ, ON RENTRE

IL Y EN A PARFOIS, JE VOUS JURE...

JE VEUX RESTER !

EUH... EXCUSEZ-MOI S'IL VOUS PLAÎT!

JE CROIS QU'IL Y A UNE ERREUR : NOUS AVONS COMMANDÉ DU CANARD LAQUÉ ET NOUS AVONS REÇU DU POISSON BOUILLI!

ÇA POISSON BOUILLI!

ABSOLUMENT! ALORS QUE NOUS, AVIONS COMMANDÉ, DU CANARD LAQUÉ!

ÇA PAS CANARD LAQUÉ, ÇA POISSON BOUILLI!

JE VOUS L'ACCORDE MAIS CE N'EST PAS CE QU'ON A COMMANDÉ!

SI VOUS AVOIR POISSON BOUILLI, VOUS AVOIR COMMANDÉ POISSON BOUILLI!

POUR QUATRE PERSONNES.

PRENDRE UN BEAU CANARD PRÊT À CUIRE.

POUR LA SAUCE À LAQUER...

FUJITSOOOOUUUU

MÉLANGER INTIMEMENT LA SAUCE DE SOJA AVEC...

LE MIEL

LES ÉPICES

L'HUILE D'ARACHIDE

LE VINAIGRE

LA LEVURE

L'AIL

406A

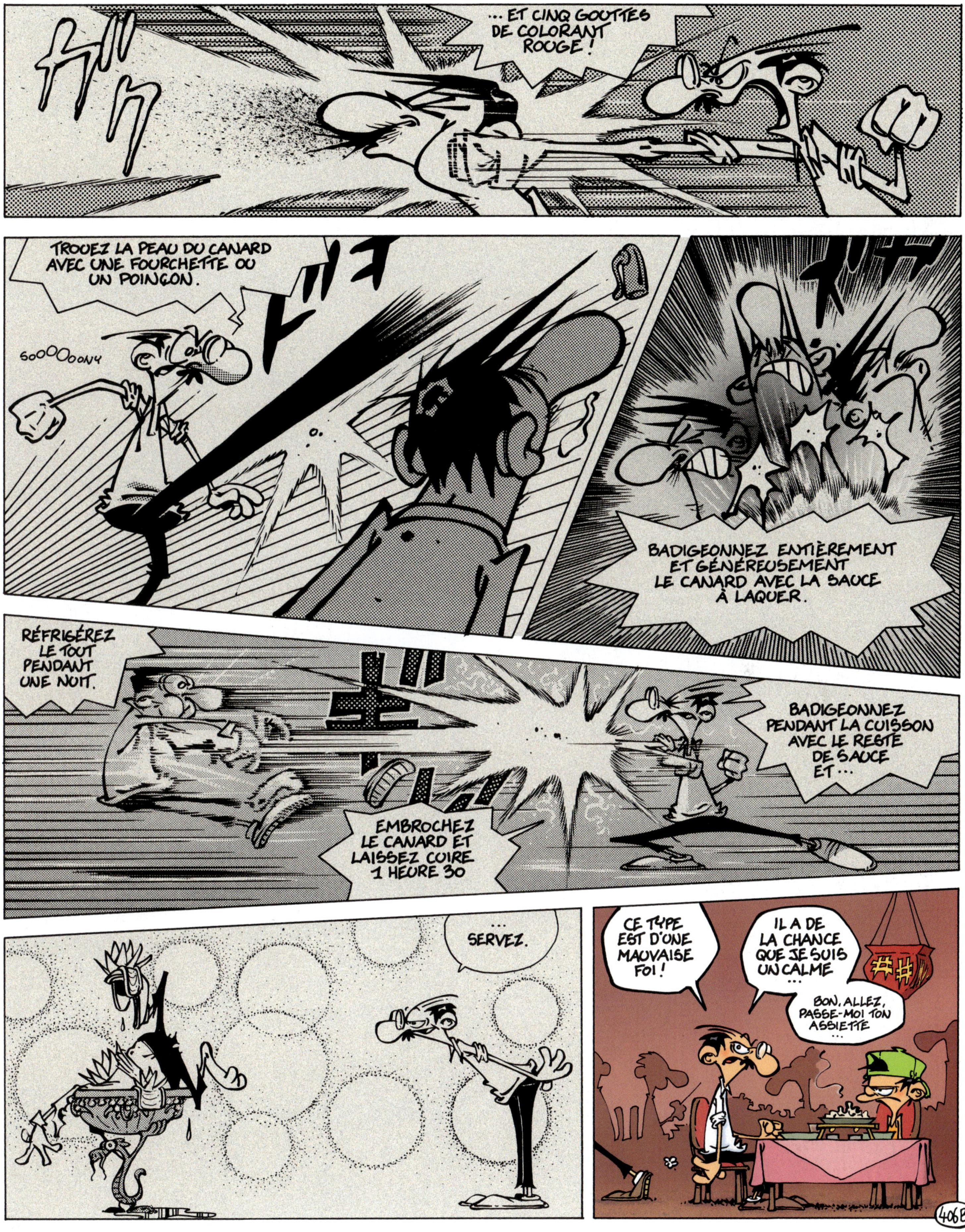

... ET CINQ GOUTTES DE COLORANT ROUGE !

TROUEZ LA PEAU DU CANARD AVEC UNE FOURCHETTE OU UN POINÇON.

SooOOOooNY

BADIGEONNEZ ENTIÈREMENT ET GÉNÉREUSEMENT LE CANARD AVEC LA SAUCE À LAQUER.

RÉFRIGÉREZ LE TOUT PENDANT UNE NUIT.

EMBROCHEZ LE CANARD ET LAISSEZ CUIRE 1 HEURE 30

BADIGEONNEZ PENDANT LA CUISSON AVEC LE RESTE DE SAUCE ET ...

... SERVEZ.

CE TYPE EST D'UNE MAUVAISE FOI !

IL A DE LA CHANCE QUE JE SUIS UN CALME

BON, ALLEZ, PASSE-MOI TON ASSIETTE ...

406B

SUPERJUSTICE

DURA LEX

RÉSUMÉ : TRONÇONNUX ENLÈVE LA JOLIE COUTURIÈRE ET COUPE EN DEUX NOTRE HÉROS.

HIIIIII||||

HA! HA! HA!

AAARGHHH

VRRRRR

HA! HA! HA! ADIEU SUPERJUSTICE!

HIIII...

PLUS TARD...

SU... SUPERJUSTICE?!

G... GRAVE ERREUR, TRONÇONNUX! TU N'AURAIS PAS DÛ LAISSER TRAÎNER LE MATÉRIEL DE COUTURE!

RENDS-TOI

F.B.AÏE.

© 2007 MIDAM PRODUCTIONS SYNDICATE

ÉPISODE 4356 La brigade des stups a coincé Sanchez dit "Le Colombien... Mais il refuse de coopérer.

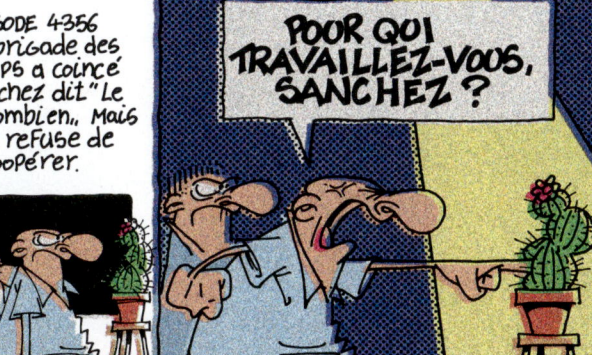

POUR QOI TRAVAILLEZ-VOUS, SANCHEZ?

GNNN! AÏE!

VOUS LE PRENEZ COMME ÇA, SANCHEZ? TRÈS BIEN. PAS D'EAU PENDANT 7 JOURS!

OÏLLE!

SHITMAN

BIENVENUE À TOUS ET À TOUTES. JE SUIS SHITMAN ET JE VAIS VOUS GUIDER À TRAVERS CES CANALISATIONS!

MERCI SHITMAN!

AVEC MOI, VOUS ÊTES EN SÉCURITÉ...

MAIS..? NOM D'UNE ROSE! STOP! ÇA SENT L'EAU DE JAVEL! RECULEZ!

MON DIEU!

419

KID, TON MAGAZINE DE BD EST ARRIVÉ.

DES HEURES DE PLAISIR INTELLECTUEL!

AH! PARFAIT! MERCI!

BLAM BLAM

27

430

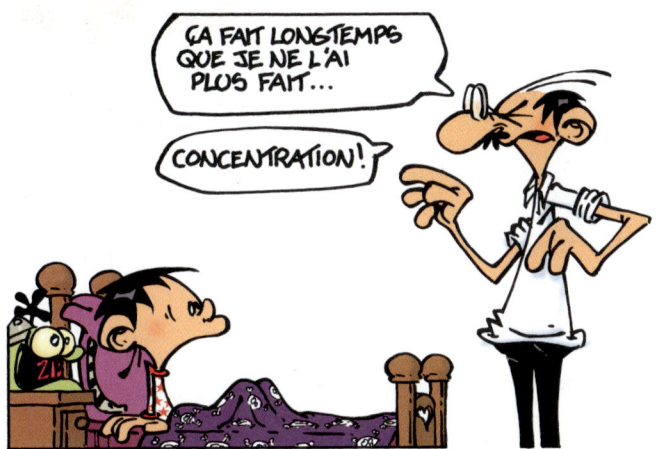

DEPUIS TOUJOURS, LES HOMMES PRATIQUENT LES JEUX DE PLAGE...

BOK

ONK!

...ET DEPUIS TOUJOURS LES JEUX DE PLAGE FONT TRANSPIRER.

OOH! OUH!

QUAND ON SAIT QUE LE CORPS HUMAIN PEUT PRODUIRE JUSQU'À 2 LITRES DE SUEUR PAR HEURE...

ONK   ONK   ONK

...ET QU'IL Y A DES CENTAINES DE MILLIERS DE KILOMÈTRES DE PLAGE DANS LE MONDE, ON PEUT CALCULER...

MMMMM   MMMMM

...QUE DE LA PRÉHISTOIRE À NOS JOURS, LES PLAGES ET LES MERS ONT ABSORBÉ DES MILLIARDS DE TONNES DE SUEUR!

Blabla   POK   Blabla

...CE QUI EXPLIQUE POURQUOI L'EAU EST SALÉE!

ÇA FAIT DU BIEN, HEIN?

DÉGUEULASSE!

431

MONTER SUR TES ÉPAULES ET ENFILER CET IMPER POUR PASSER LA CAISSE ?! ON A DÉJÀ ESSAYÉ CENT FOIS ET ÇA NE MARCHE JAMAIS !

ÇA NE MARCHE JAMAIS PARCE QUE TU IMPROVISES TROP !

LE RETOUR DE LA MOMIE QUI PUE QUI TUE

ENFANTS NON ADMIS !

SI TU RÉPÈTES EXACTEMENT CE QUE JE DIS, IL N'Y AURA AUCUN PROBLÈME !

SI TU RÉPÈTES EXACTEMENT CE QUE JE DIS, IL N'Y AURA AUCUN PROBLÈME !

OUI ? JE PEUX VOUS AIDER ?

EUH...

JE VOUDRAIS UNE PLACE POUR LA MOMIE, SVP !

EST-CE QUE JE PEUX VOUS AIDER, MONSIEUR ?

JE VOUDRAIS UNE PLACE POUR LA MOMIE, SVP !

TARIF RÉDUIT OU TARIF NORMAL ?

EUH.. JE...

TARIF NORMAL, SVP !

CE GARS EST BIZARRE... RÉDUIT OU NORMAL ?

TARIF NORMAL, SVP !

IL EST PEUT-ÊTRE DROGUÉ... ON VA LE CUISINER... C'EST UN FILM D'HORREUR, VOUS AIMEZ LES FILMS D'HORREUR ?

HMM... JE...

À FOND LES MANETTES !

C'EST CLAIR, CE TYPE EST DÉFONCÉ ! JE NE VEUX PAS DE DROGUÉ DANS MON CINÉMA ! VOUS ÊTES DROGUÉ, N'EST-CE PAS ?

À...À FOND LES MANETTES !

HEIN ?! HÉ, FAIS GAFFE À CE QUE TU DIS !

J'EN ÉTAIS SÛR ! DÉSOLÉ, MAIS IL N'Y A PAS DE PLACE POUR VOUS, ICI !

HEIN ?! HÉ, FAIS GAFFE À CE QUE TU DIS !

AAARGH ! ARRÊTE DE RÉPÉTER CE QUE JE DIS, IMBÉCILE !

VOUS, FAITES GAFFE À CE QUE VOUS DITES !

AAARGH ! ARRÊTE DE RÉPÉTER CE QUE JE DIS, IMBÉCILE !

OK, JE ME TIRE !

JE NE SAVAIS PAS QUE CET IMBÉCILE POUVAIT FRAPPER À TRAVERS SON TROU !

415

TOUT CORPS EN CHUTE LIBRE EST SOUMIS À LA LOI DE LA PESANTEUR.

CETTE LOI A POUR EFFET DE PRODUIRE UNE ACCÉLÉRATION VERTICALE SUR CE CORPS (FÉMININ EN L'OCCURRENCE)...

BUMP

...ET DE TRANSFORMER L'ÉNERGIE "DE HAUTEUR" OU ÉNERGIE POTENTIELLE...

...EN ÉNERGIE "DE VITESSE" OU ÉNERGIE CINÉTIQUE.

IL VA SANS DIRE QUE CETTE TRANSFORMATION D'ÉNERGIE EST INDOLORE...

...EN TOUT CAS JUSQU'AU MOMENT OÙ...

BROM

...L'ÉNERGIE CINÉTIQUE SE TRANSFORME, ELLE-MÊME, EN DÉFORMATION ET CHALEUR...

...CE QUI EST INÉVITABLE DANS TOUTE CHUTE DE CORPS!

GAME OVER!

BEL EXPOSÉ, LES GARS!

DES QUESTIONS?

EST-CE QUE VOUS POUVEZ RECOMMENCER AVEC UN CORPS MASCULIN?

JE NOTE: ÉNERGIE "POTE AU CIEL" EN "CINÉ COMIQUE"...

MIDAM-ADAM

433

BIEN, AUJOURD'HUI NOUS ALLONS NOUS PENCHER SUR UN POINT GRAMMATICAL PASSIONNANT: L'EMPLOI DU SUBJONCTIF EN PROPOSITION SUBORDONNÉE COMPLÉTIVE OU CIRCONSTANCIELLE!

MISÈRE...

M'SIEUR, C'EST VRAI QUE LE 5 CENTIMES ROUGE DE 1908 EXISTE AUSSI AVEC UNE FAUTE D'ORTHOGRAPHE ET QU'IL EST TRÈS RARE?

MONSIEUR PADDLE, JE SAIS EXACTEMENT CE QUE VOUS ÊTES EN TRAIN DE FAIRE.

J'AI EU LA FAIBLESSE DE VOUS PARLER UN JOUR DE MA COLLECTION DE TIMBRES, ET DEPUIS, VOUS M'INTERROGEZ SUR CE MAGNIFIQUE LOISIR AFIN D'ÉCHAPPER AUX COURS...

MAIS ÇA NE **MARCHE PAS!** OUVREZ VOS CAHIERS DE GRAMMAIRE!

BIEN, MONSIEUR!

ET POUR VOTRE GOUVERNE, IL NE S'AGIT PAS D'UNE FAUTE D'ORTHOGRAPHE MAIS D'UN DÉFAUT D'IMPRESSION!

LA BARRE DU "T,, DE "CENTIMES,, EST LÉGÈREMENT PLUS COURTE D'UN CÔTÉ...

LE CÔTÉ DROIT.

ET JE CONFIRME QUE C'EST UN TIMBRE RARE... QUAND JE PENSE AU MAL DE CHIEN QUE J'AI EU À ME LE PROCURER!

VOUS... VOUS AVEZ UN EXEMPLAIRE?!

J'EN AI TROIS!

TR..TROIS?!

WOAW!

WOAW!

TROIS?! MAIS C'EST ABSOLUMENT INOUÏ?!

WOAW!

DINGUE!

WOAW

PAF

WOAW

C'EST ASSEZ PEU COURANT, EN EFFET... J'AI EU UN VRAI COUP DE CHANCE, FIGUREZ-VOUS QU'UN JOUR...

2 HEURES PLUS TARD...

...MAIS LE FLEURON DE MA COLLECTION EST LE... DRRRR\||||||||||NNG

HEIN? DÉJÀ?

EUH... CET APRÈS-MIDI, GRAMMAIRE!

POUR CET APRÈS-MIDI, JE PROPOSE LE 15 CENTIMES BLEU DE 1913, CERTAINS EXEMPLAIRES ONT ÉTÉ ÉMIS SANS DENTS! RARISSIMES!

JE CROIS QUE JE PRÉFÈRE LA GRAMMAIRE FINALEMENT...

DINGUE!

PAS MAL, PLUS SOUPLE LA MAIN...

PAF

SUIVANT!

423

42

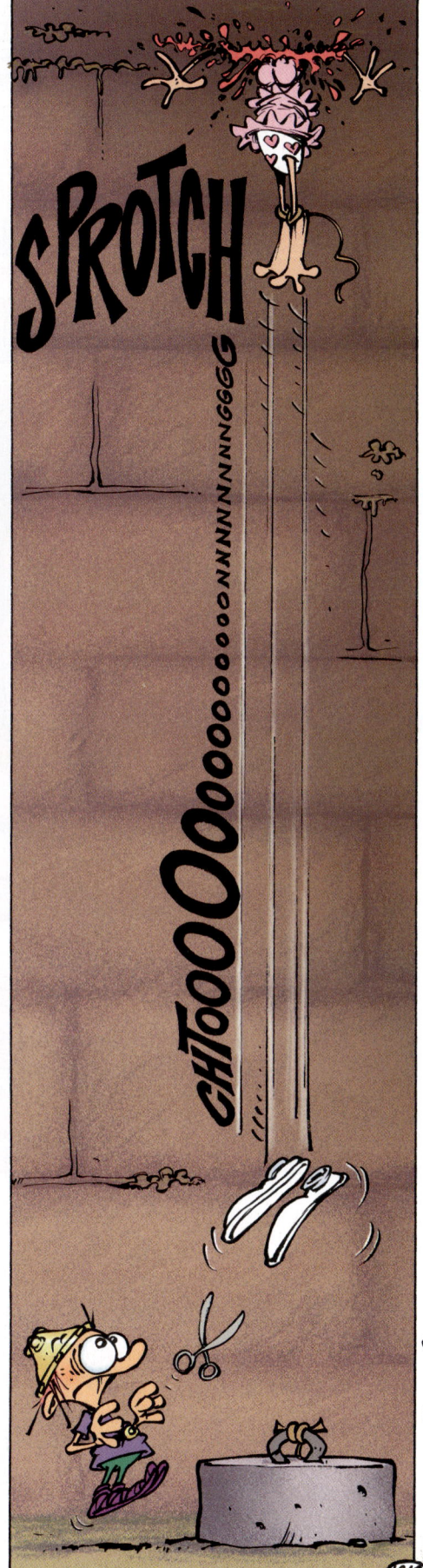

LE SERIAL PLAYER

SÉVIT CHAQUE SEMAINE DANS SPIROU ET SUR SPIROU.COM